MY ADIRONDACK COLORING BOOK

DOUGLAS GREEN & BARBARA GREEN

MY ADIRONDACK COLORING BOOK

Printed on recycled paper in the USA

Published 2017

Art by Douglas Green, Adirondack Greenworks
Production by Barbara Green, adirondackgreenhousebasketry.com
Layout and design by Nancy P Best, nancydidit.com

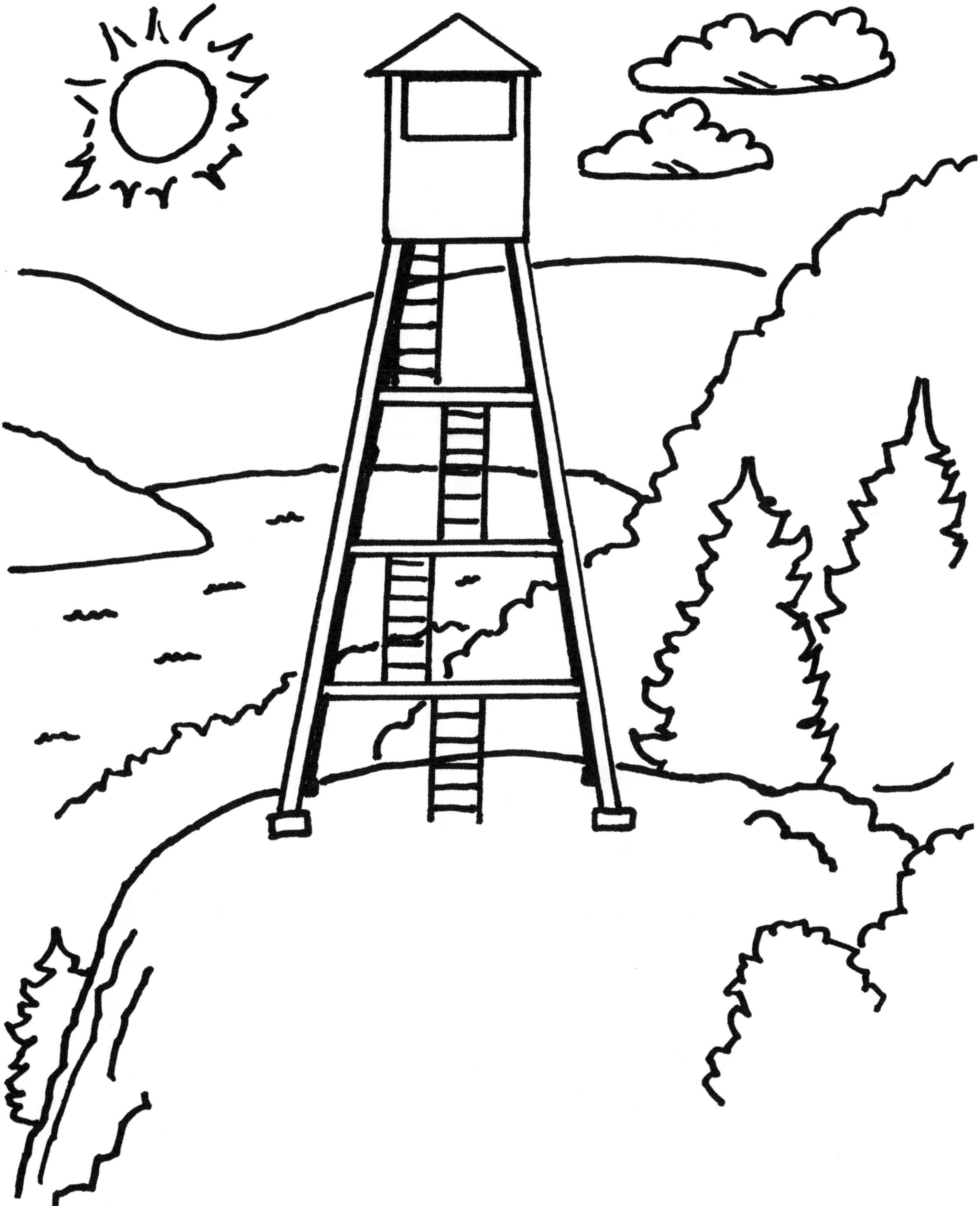

Fire Tower

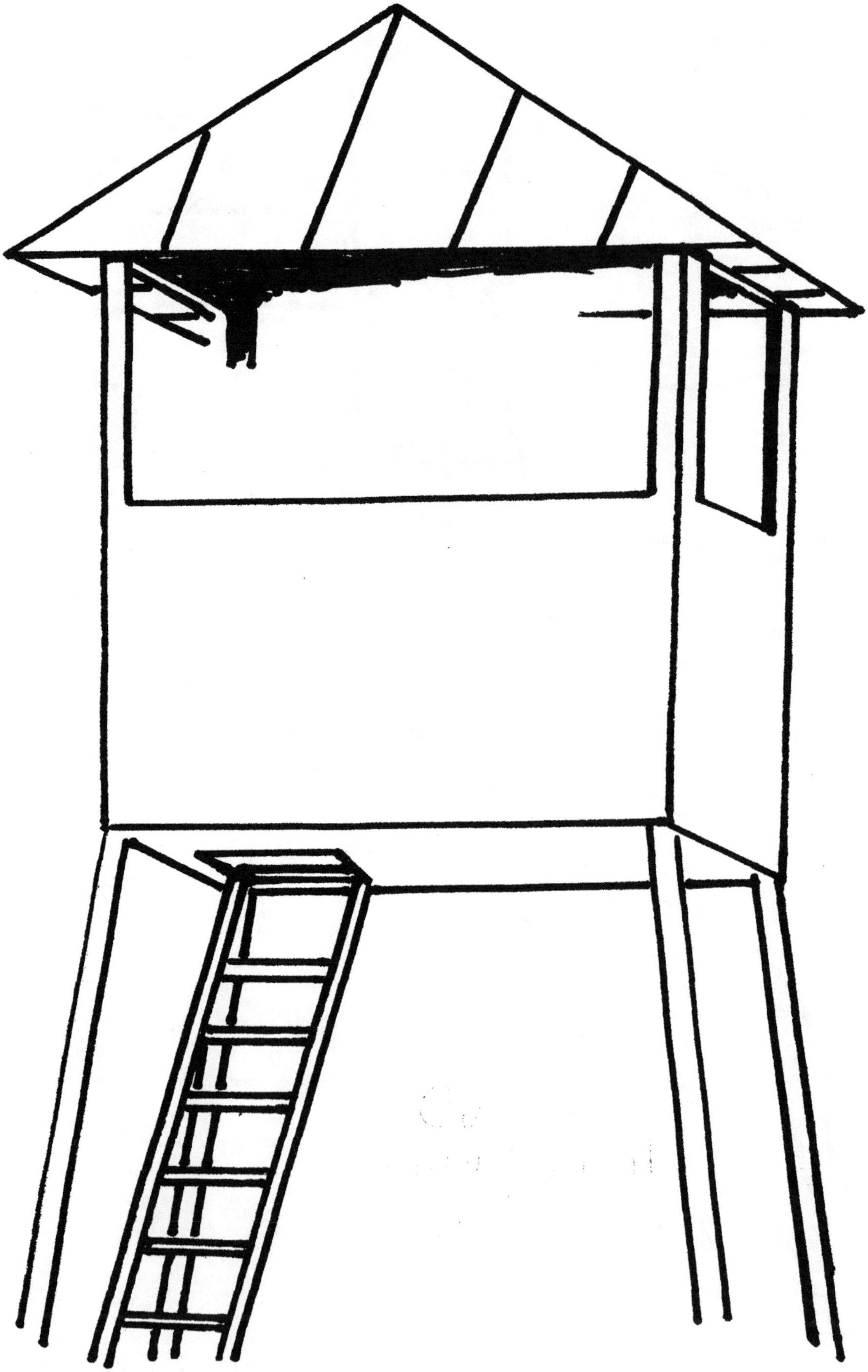

Can you draw yourself in the tower?

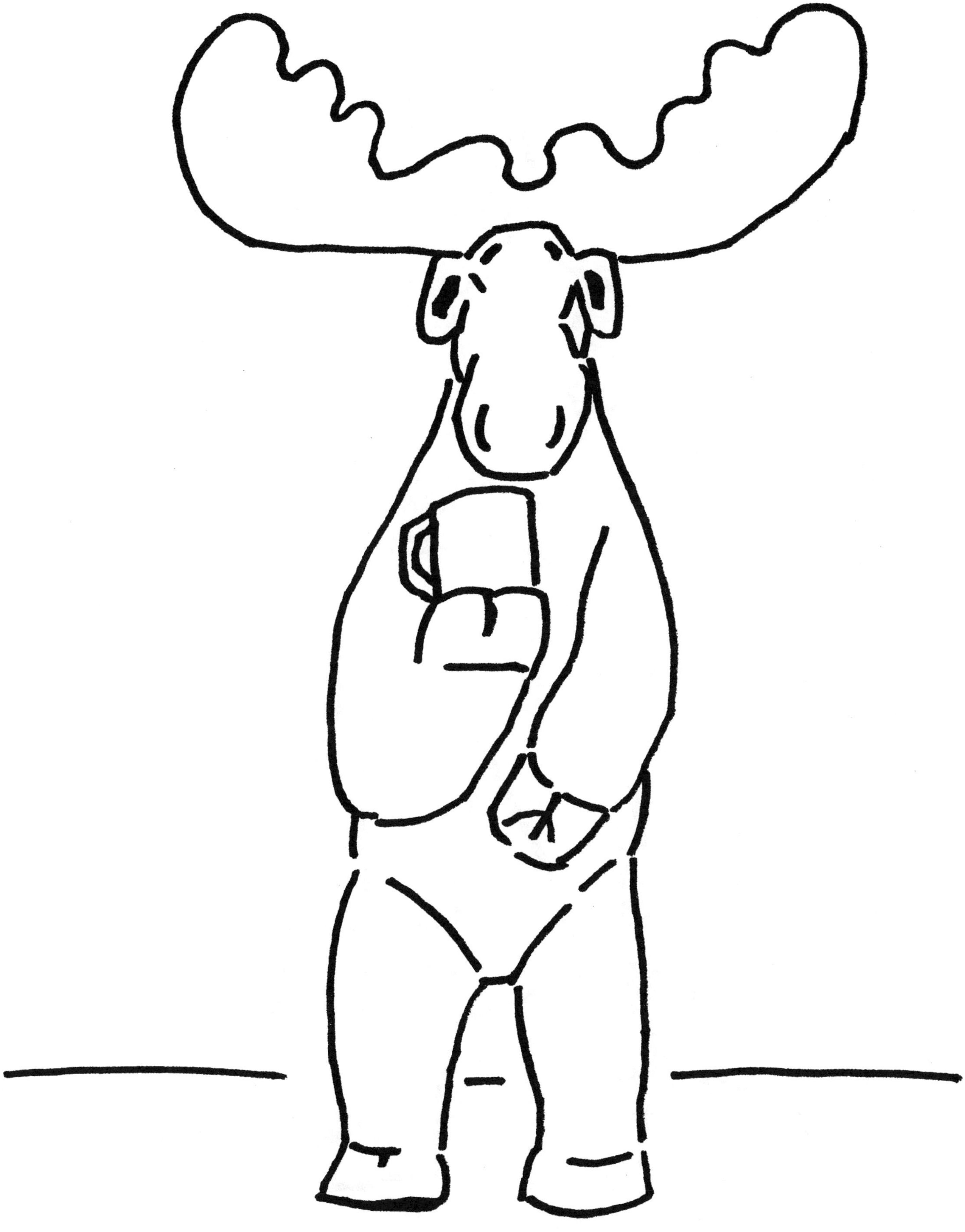

Adirondack Moose

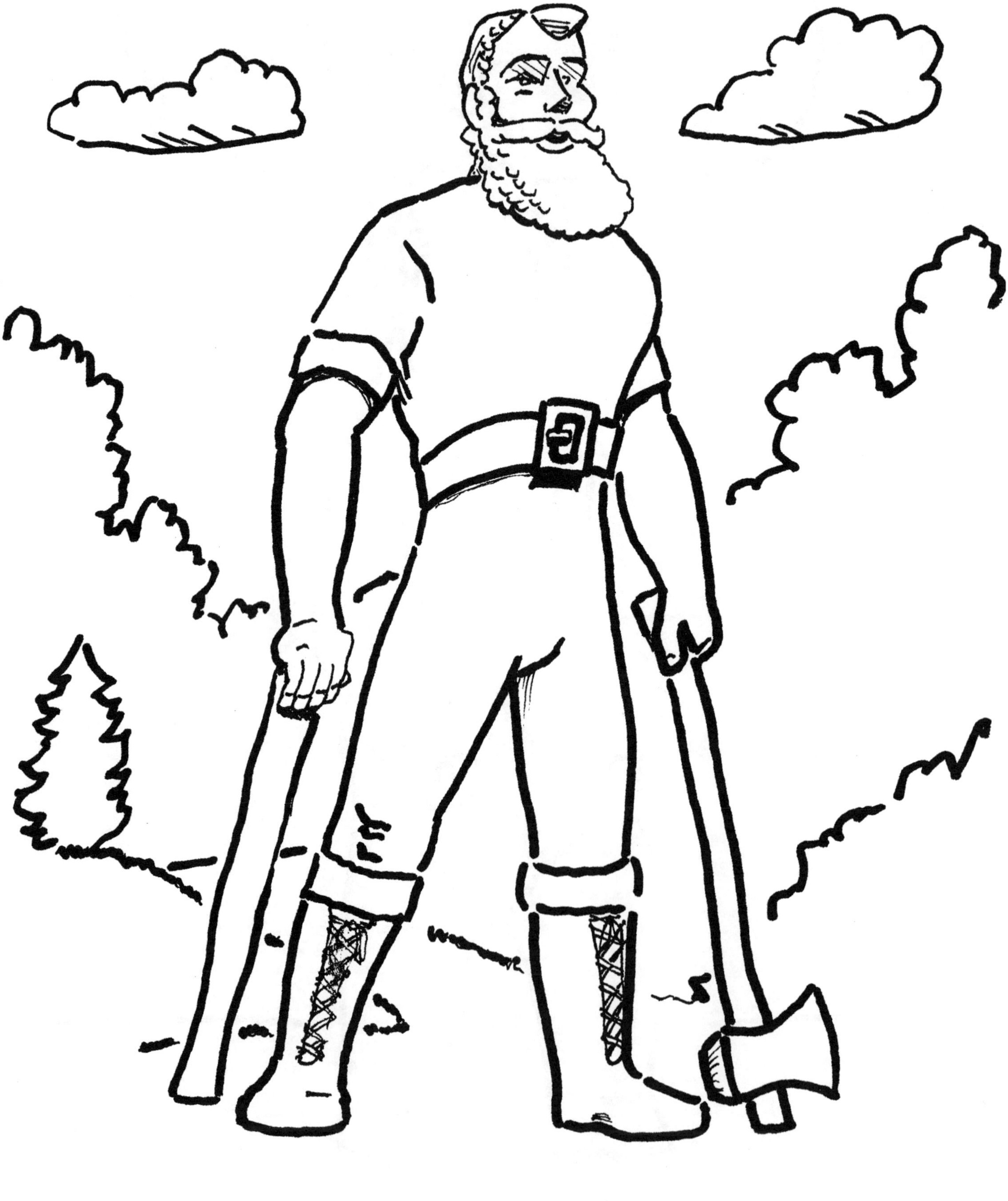

Paul Bunyan

F	I	S	H	F	U	N	H	S	K
I	M	O	V	I	E	S	C	C	A
C	R	S	T	R	O	W	A	I	Y
E	I	W	R	E	A	D	M	C	A
C	V	I	Q	W	N	A	P	A	K
R	E	M	B	O	A	T	I	N	G
E	R	W	R	R	A	I	N	O	O
A	O	I	T	K	H	R	G	E	L
M	D	O	N	S	A	I	L	Q	F
A	V	A	C	A	T	I	O	N	X

1 Adirondack 2 Fish 3 Fun 4 Movies 5 Row 6 Read 7 Nap 8 Boating 9 Rain 10 Sail
11 Vacation 12 Ice cream 13 River 14 Rod 15 Swim 16 Fireworks 17 Hat 18 Camping
19 Kayak 20 Golf

Summer Time Word Find

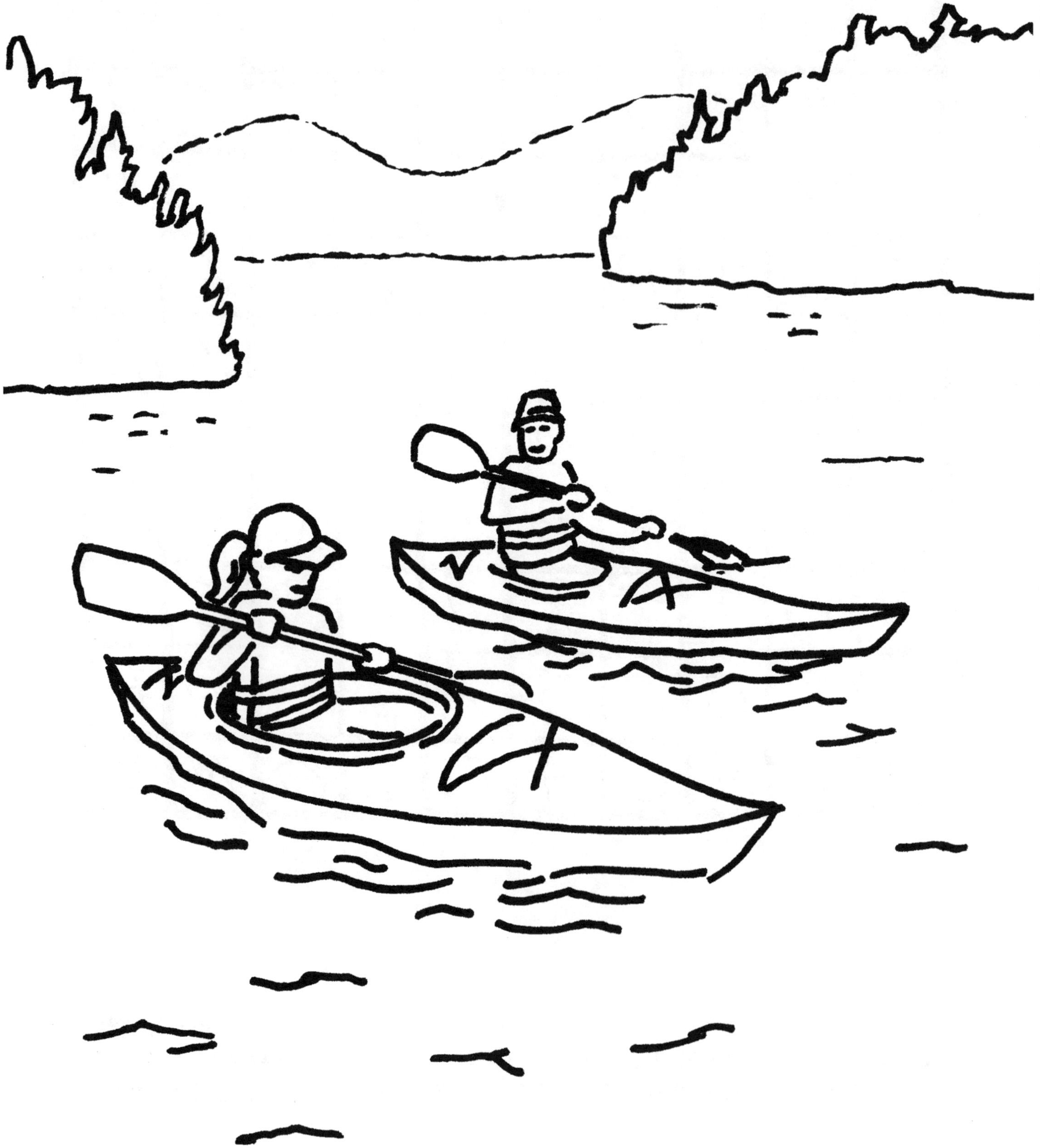

Kayaking on the river

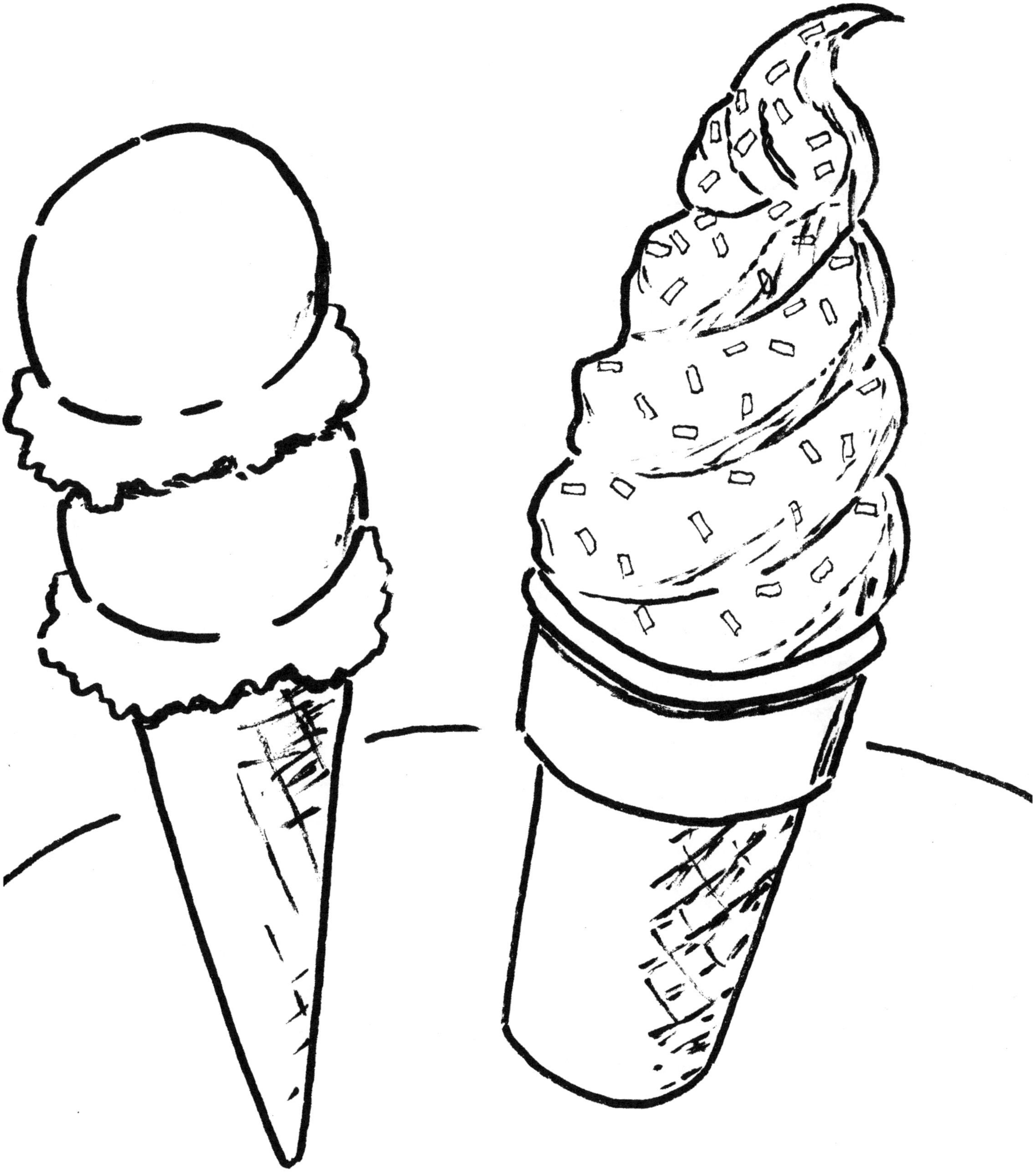

Any flavor you want!
Don't forget to color the sprinkles!

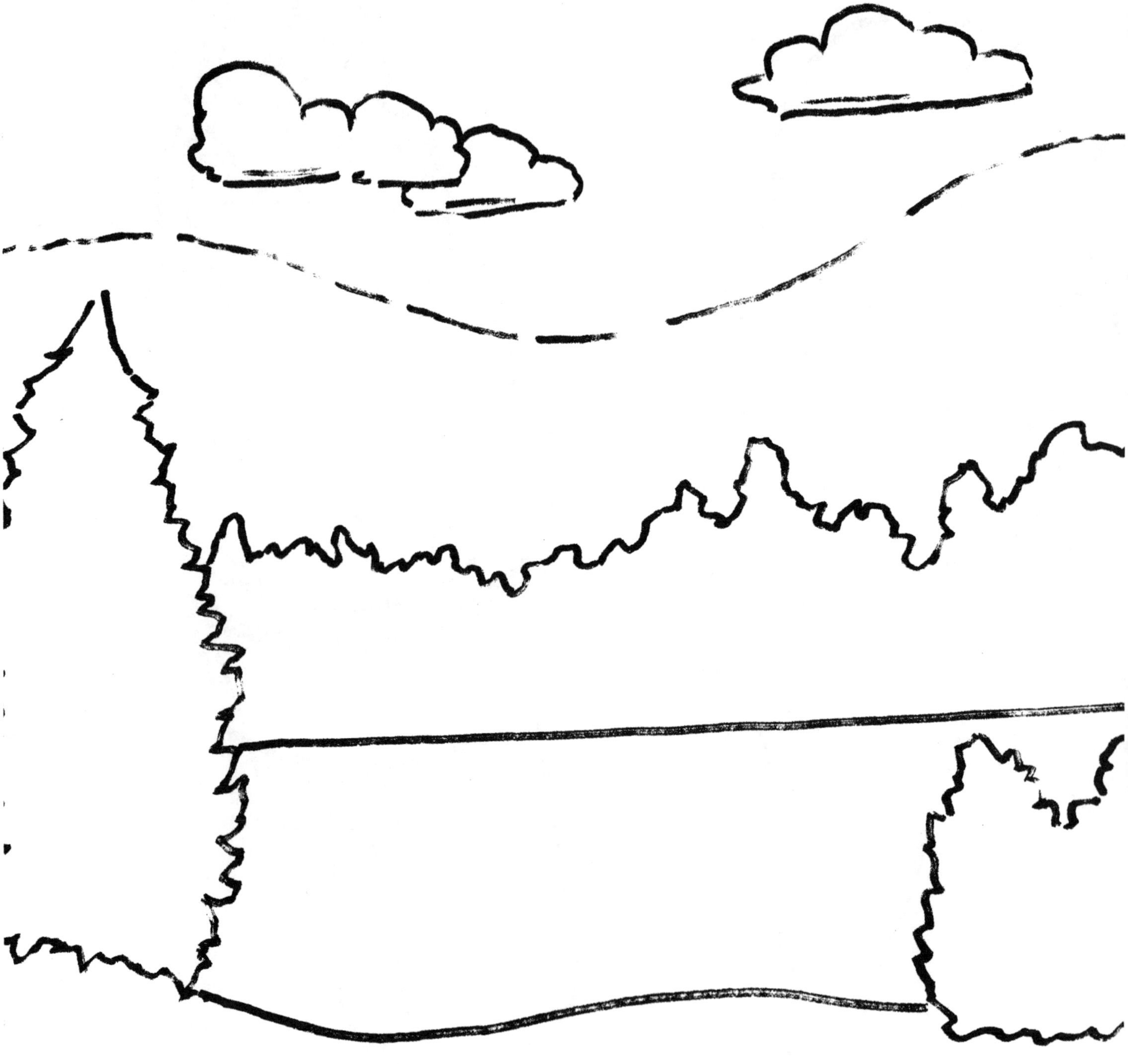

Can you draw something into this picture?

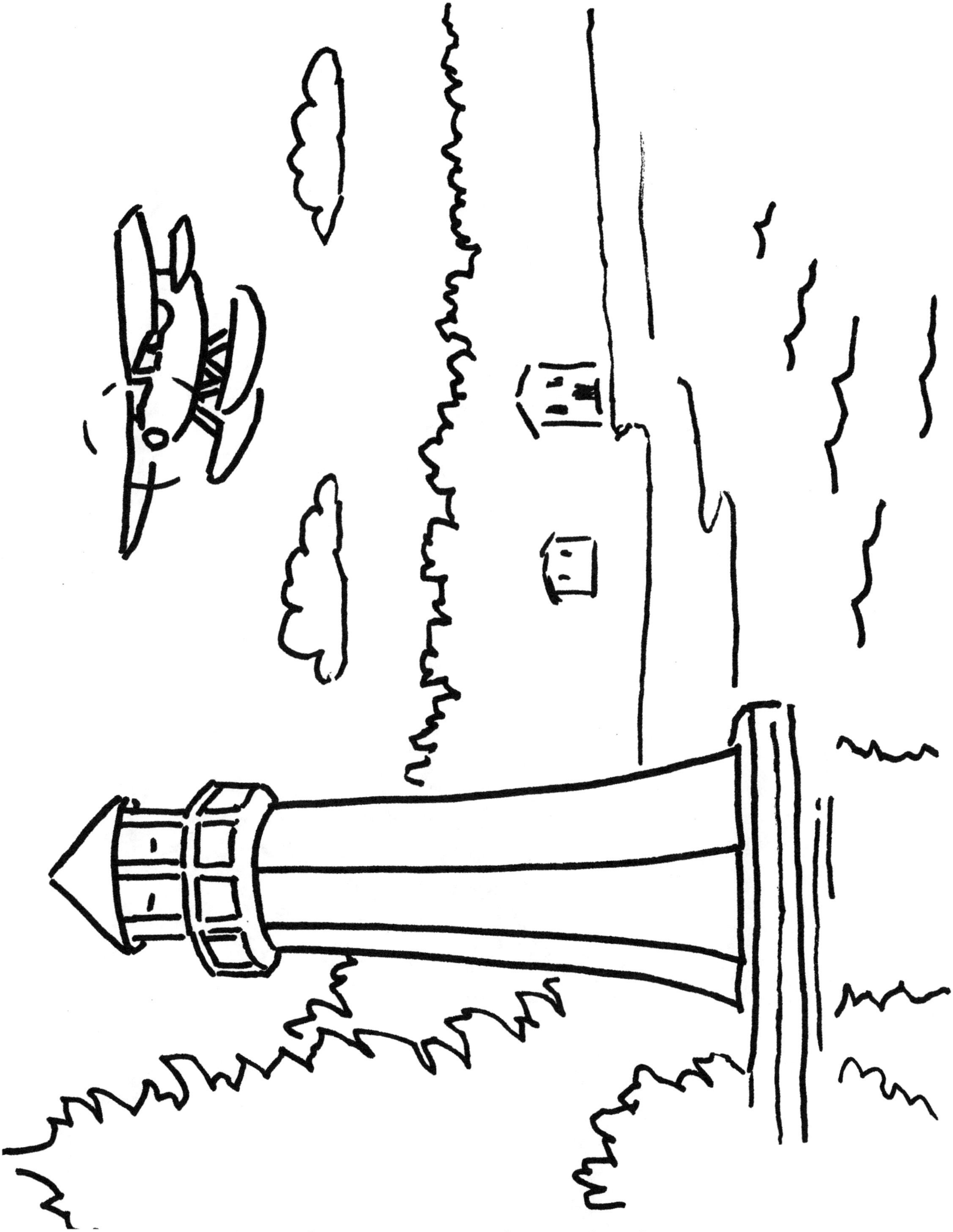

Sea Plane over the light house

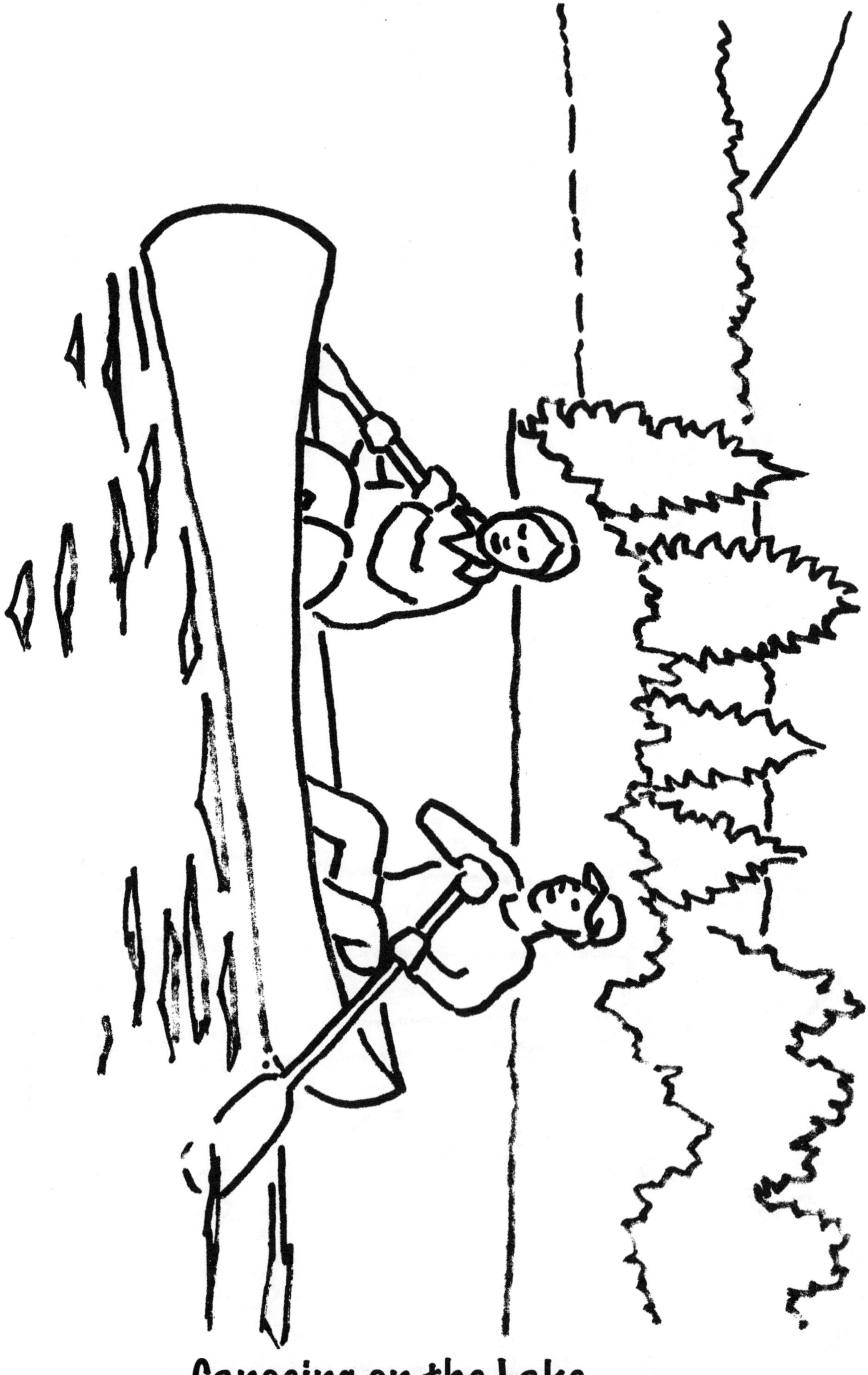

Canoeing on the Lake

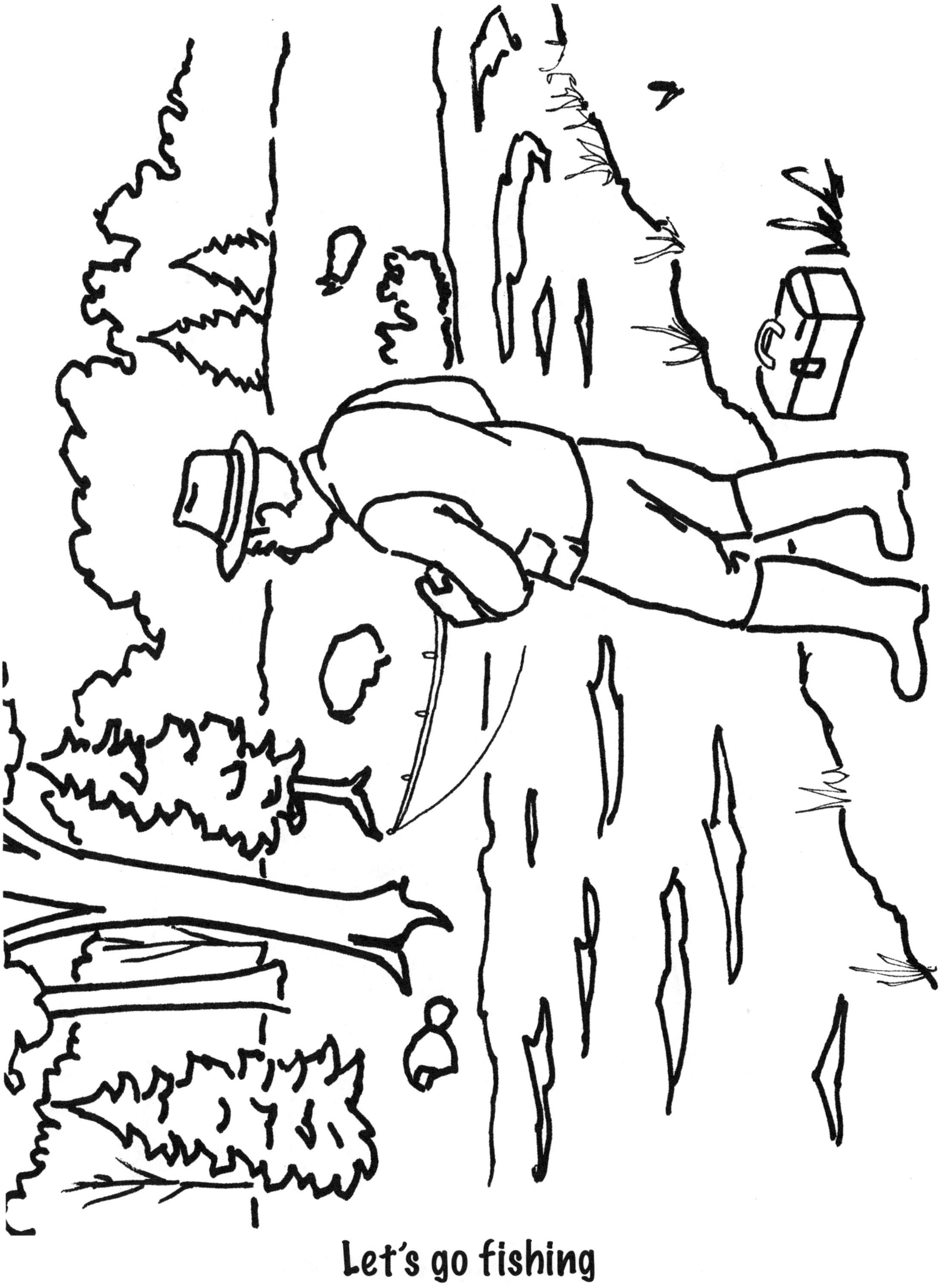

Let's go fishing

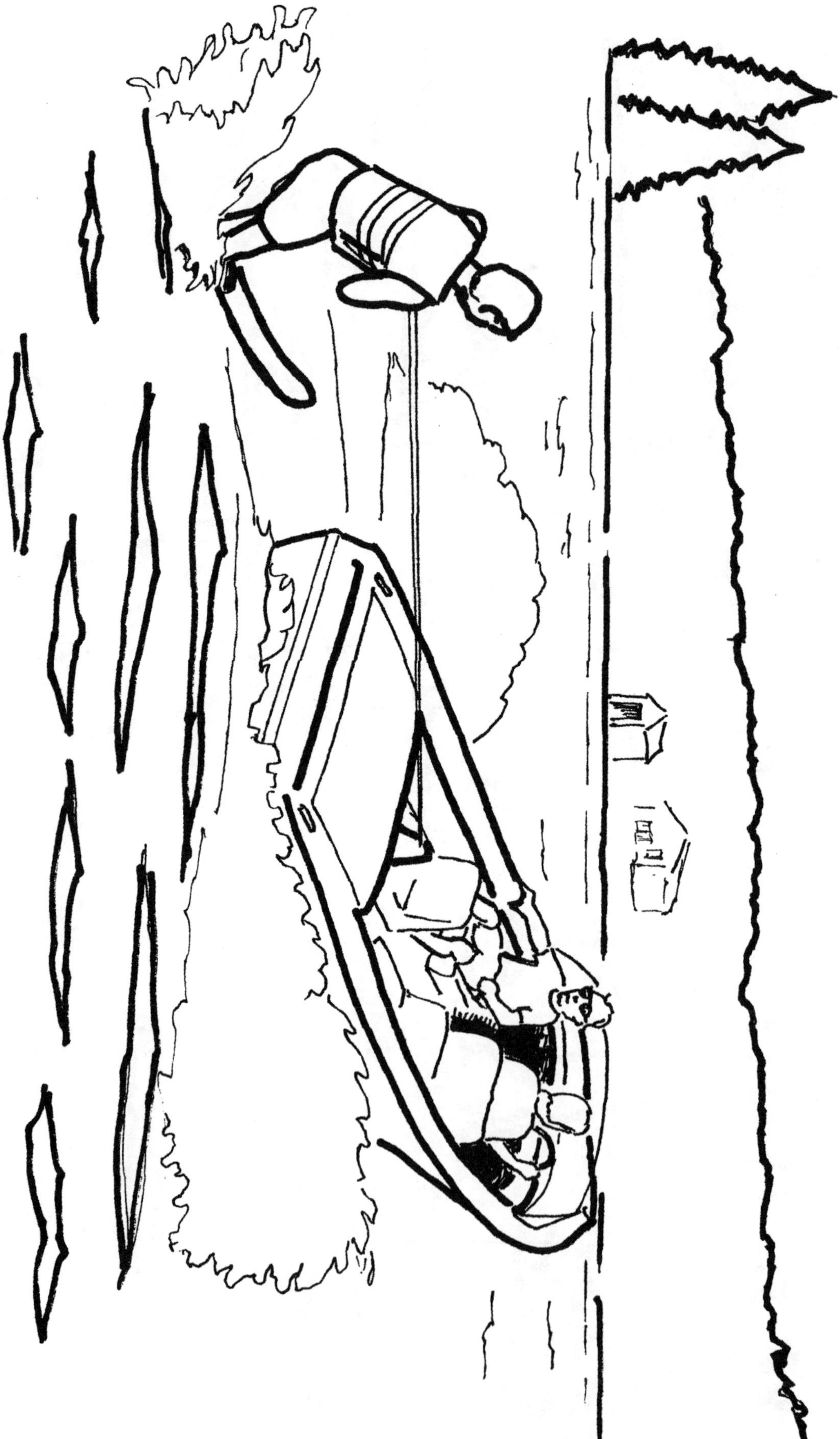

Water skiing on the lake

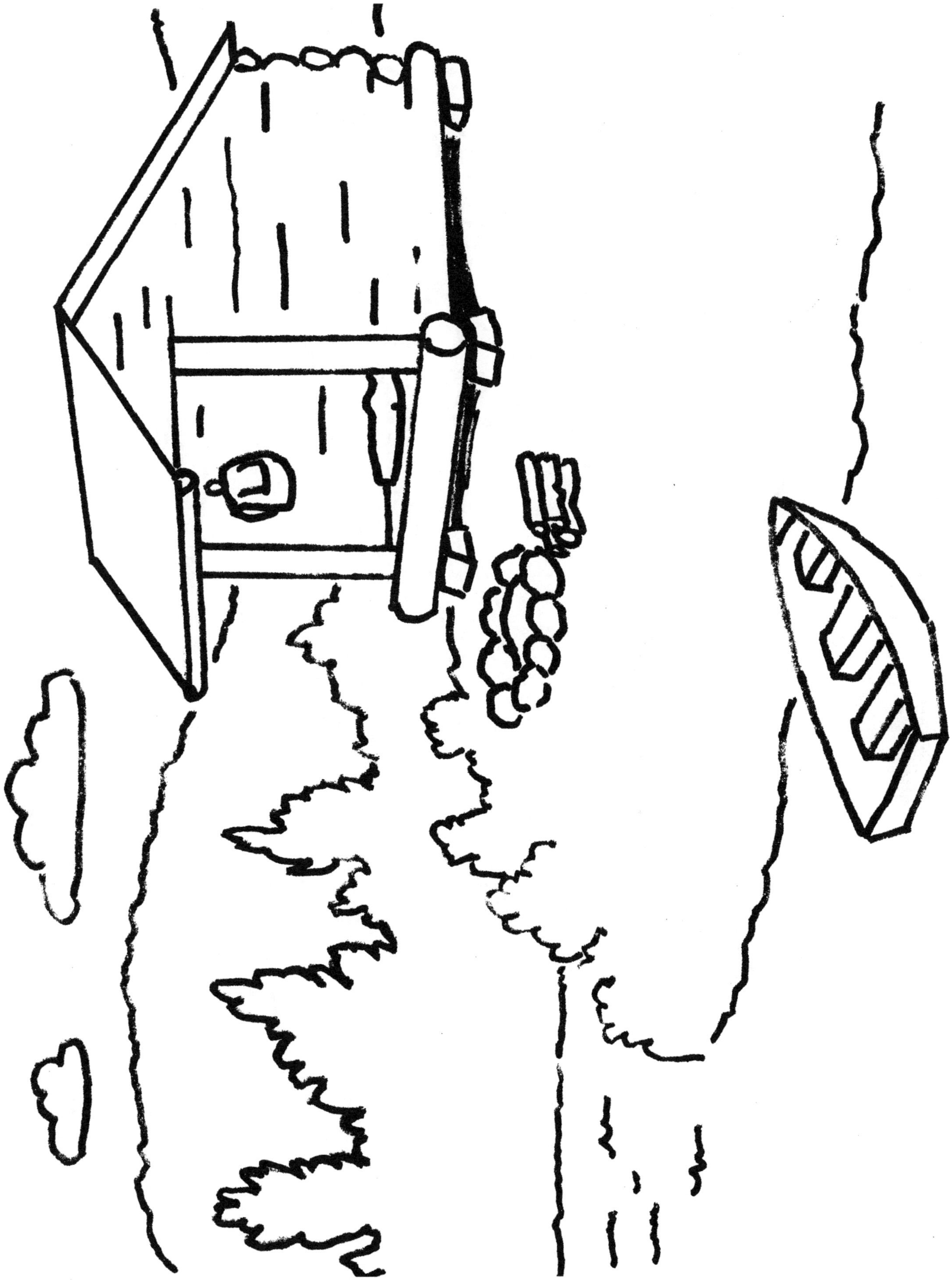

Adirondack lean-to

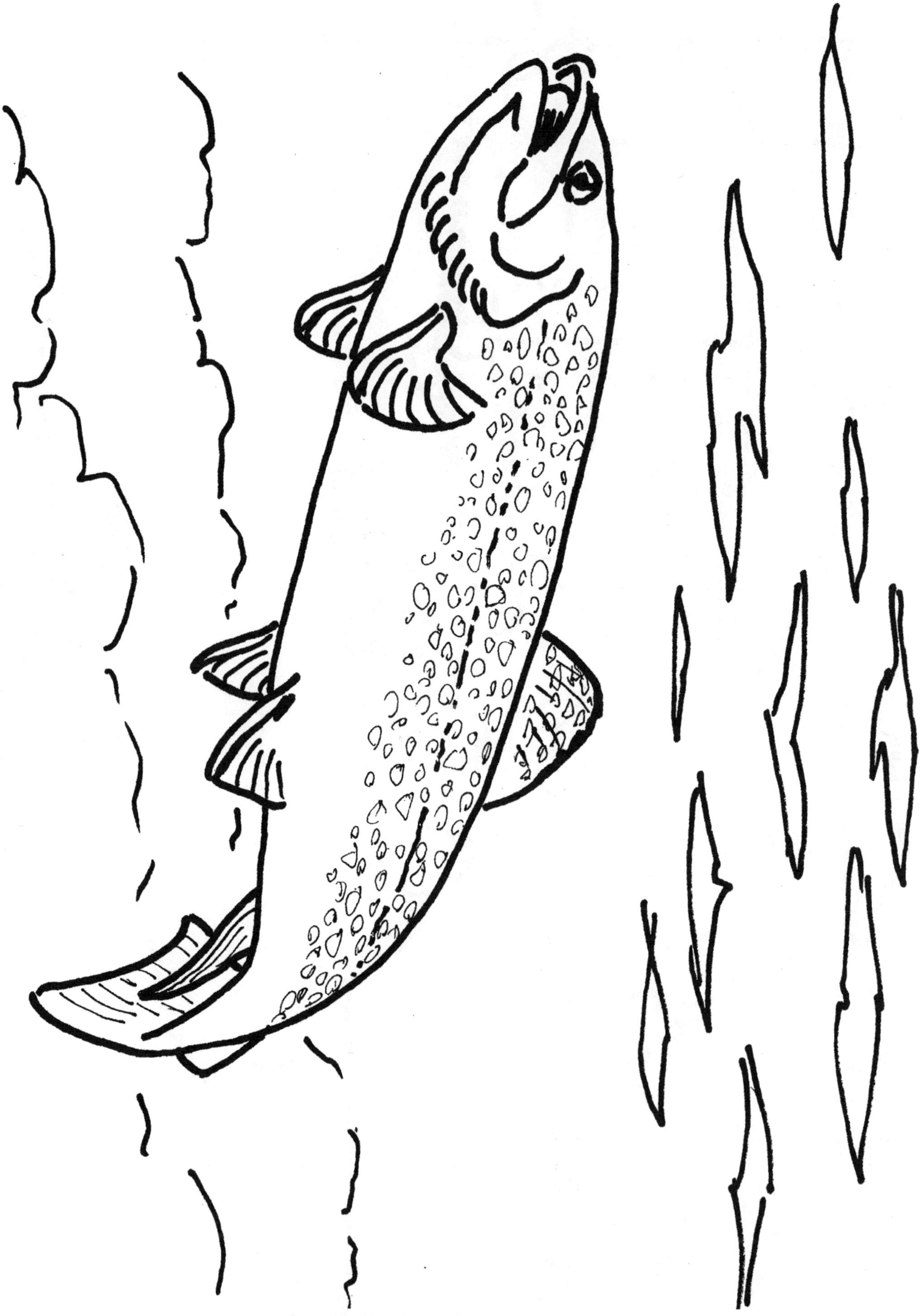

Brook Trout

S	U	N	R	A	I	N	B	O	W
B	A	S	S	B	U	G	S	B	A
U	L	B	U	L	L	H	E	A	D
G	I	X	N	M	U	S	K	I	E
S	C	Q	F	O	R	E	S	T	R
P	E	P	I	K	E	D	R	R	S
R	N	O	S	U	S	B	O	E	M
A	S	L	H	A	T	O	D	E	E
Y	E	E	N	E	R	G	Y	L	L
B	R	O	O	K	T	R	O	U	T

1 Sun 2 Rainbow 3 Bass 4 Bugs 5 Bullhead 6 Muskie 7 Forest 8 Pike 9 Hat 10 Energy
11 Brook Trout 12 Bug Spray 13 License 14 Pole 15 Sunfish 16 Lures 17 Bog 18 Rod
19 Bait 20 Reel 21 Waders 22 Smelt

Fishing Fun Word Find

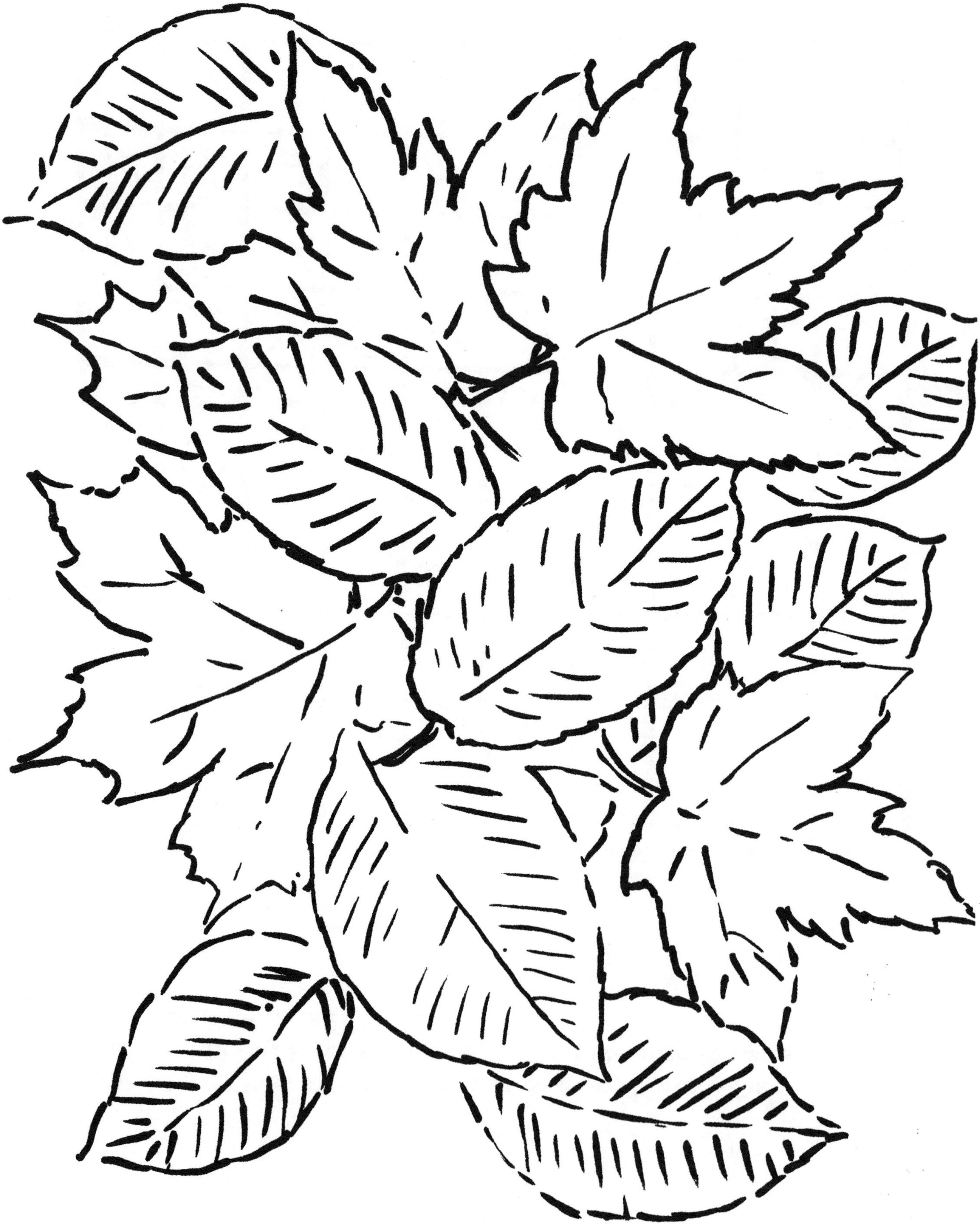

Fall Leaves

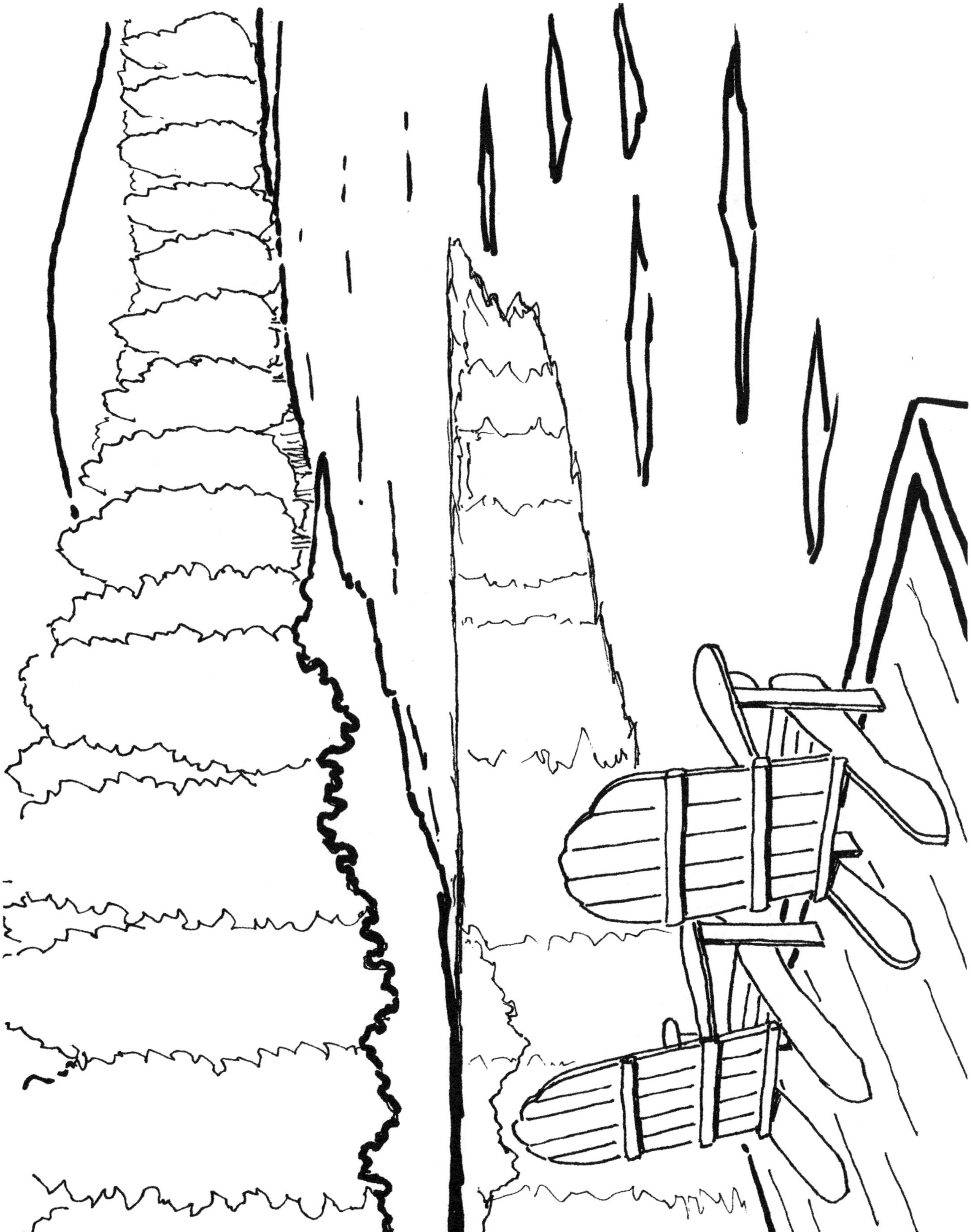

Adirondack chairs by the water

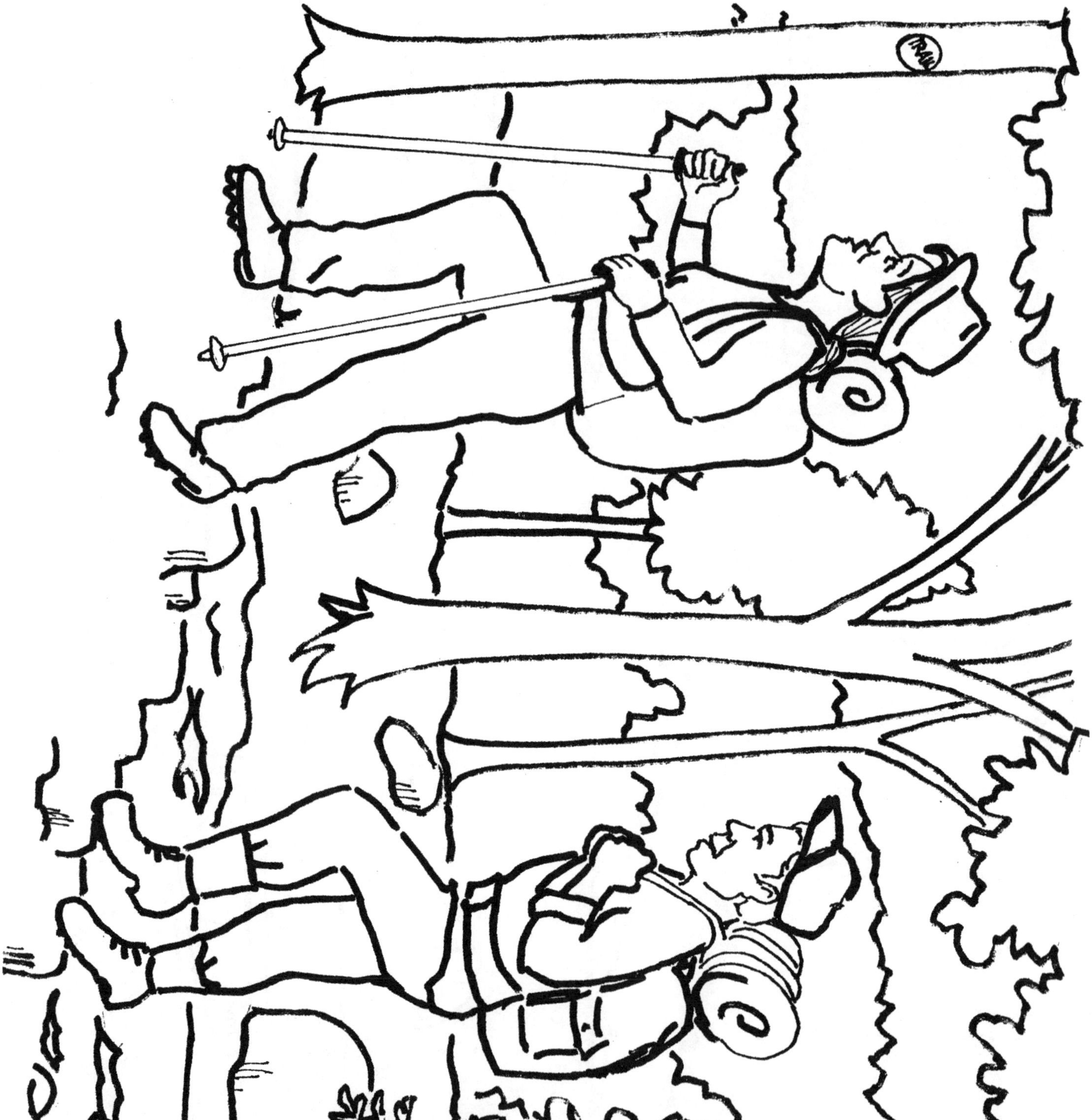

Let's take a hike in the woods

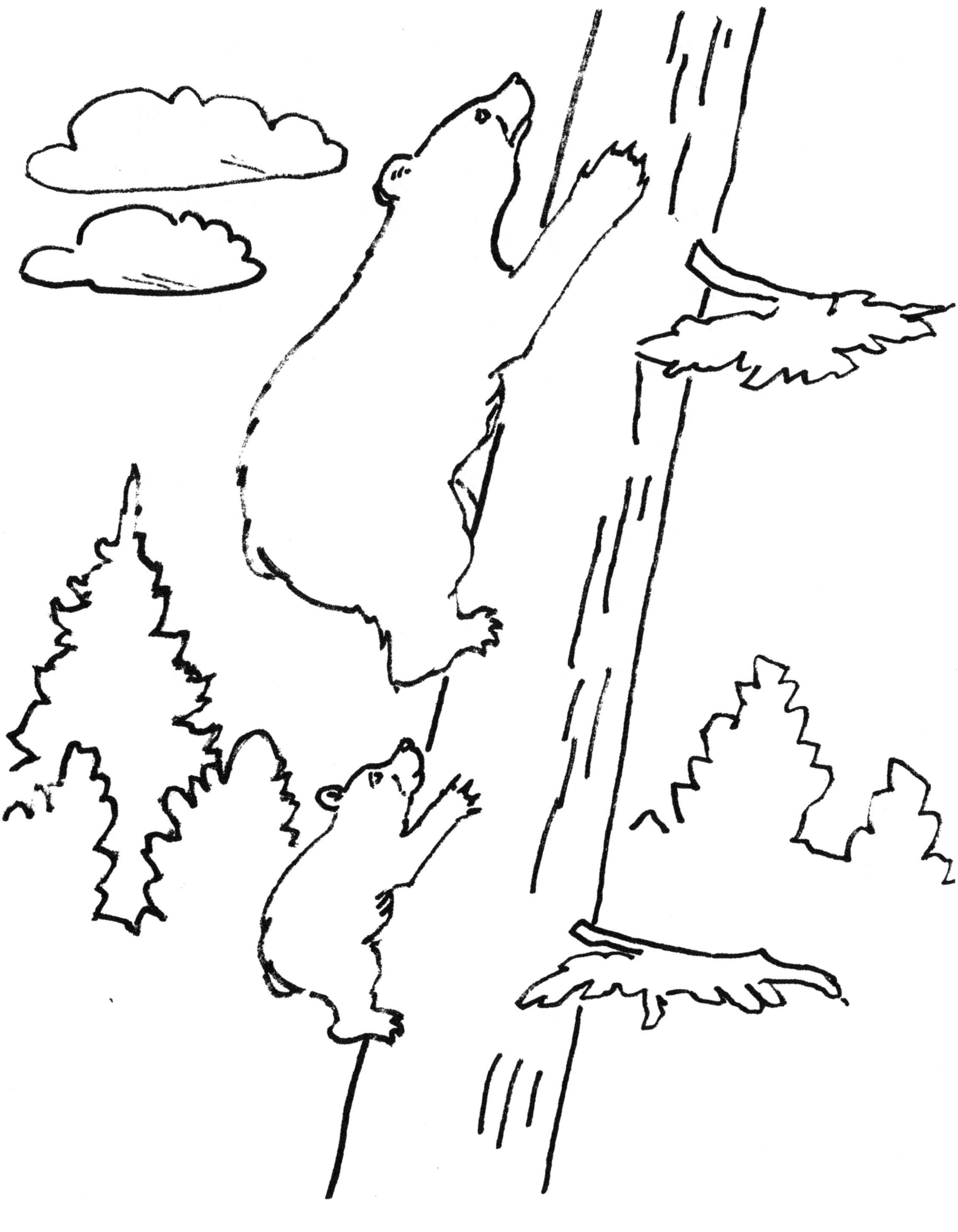

Black Bears climbing a tree

O	S	M	U	D	D	Y	F
R	E	L	M	I	S	T	U
A	E	Q	B	R	X	H	N
I	D	I	R	T	S	U	N
N	R	L	E	Y	O	N	O
B	I	C	L	O	U	D	R
O	P	O	L	U	T	E	T
W	O	W	A	T	E	R	H

1 Muddy 2 Elm 3 Dirt 4 Sun 5 Cloud 6 Wow 7 Water 8 Rainbow 9 Seed 10 Rip
11 Umbrella 12 Dirty 13 Out 14 Out 15 Thunder 16 Fun 17 North

Spring Word Find

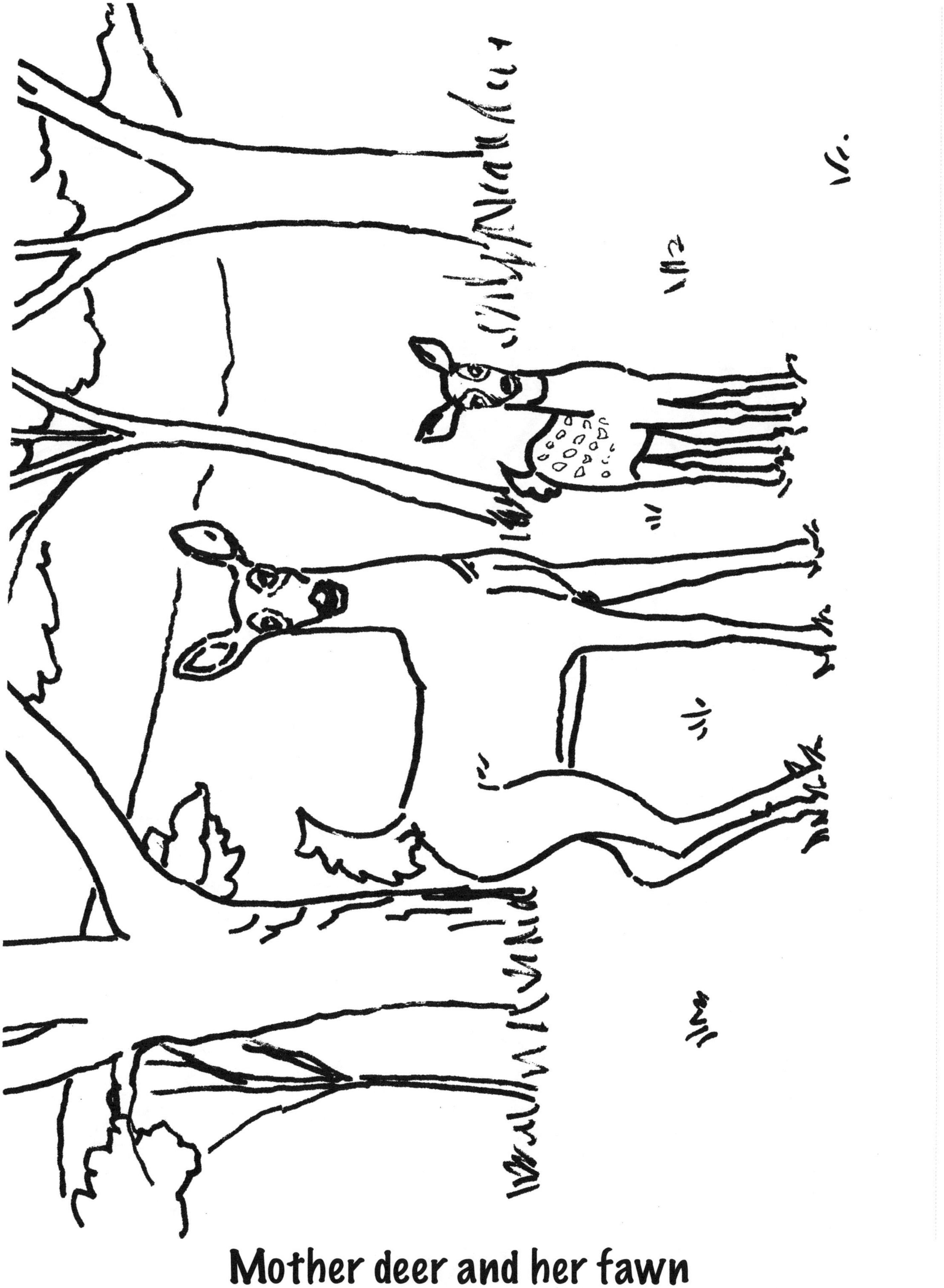

Mother deer and her fawn

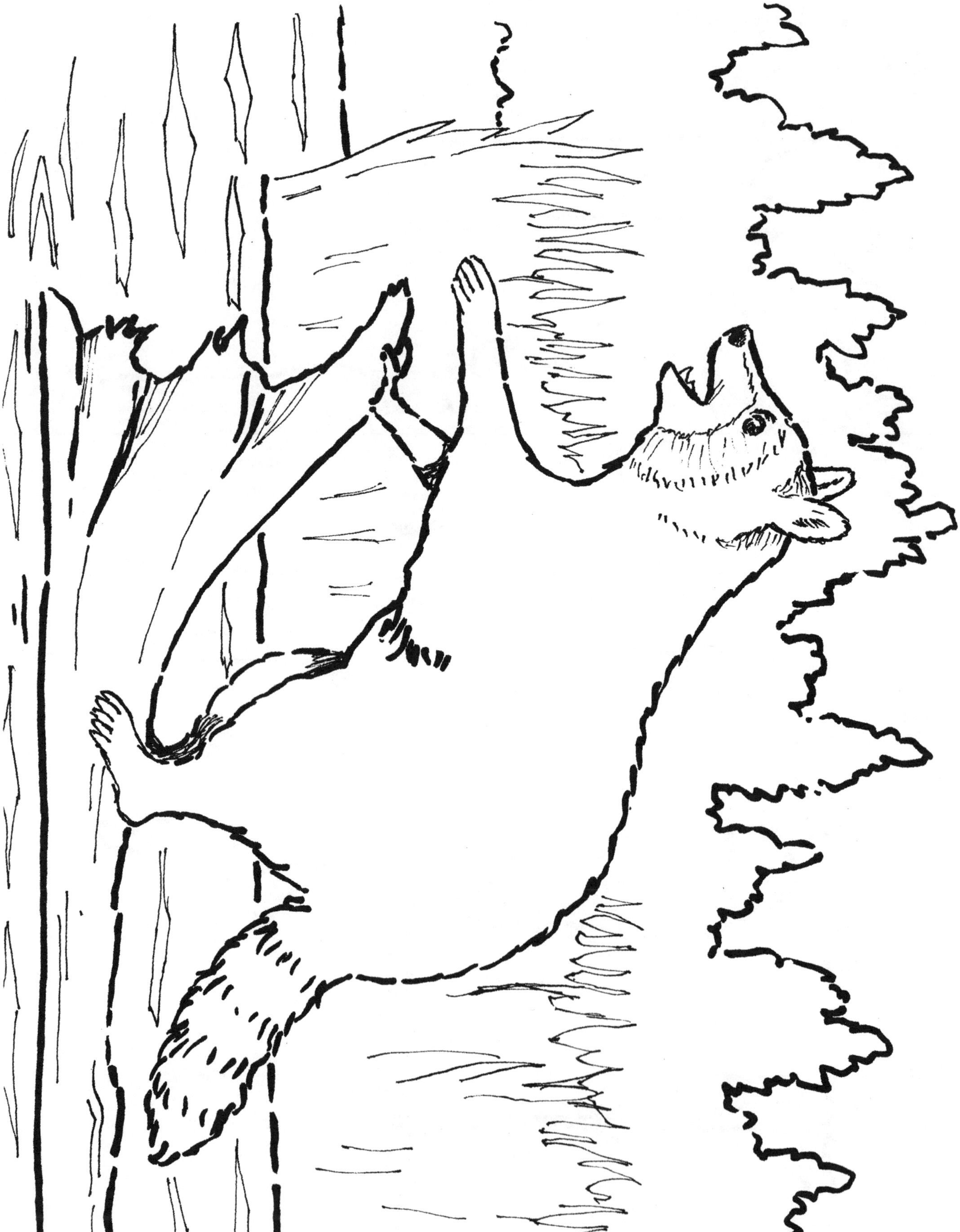

Racoon

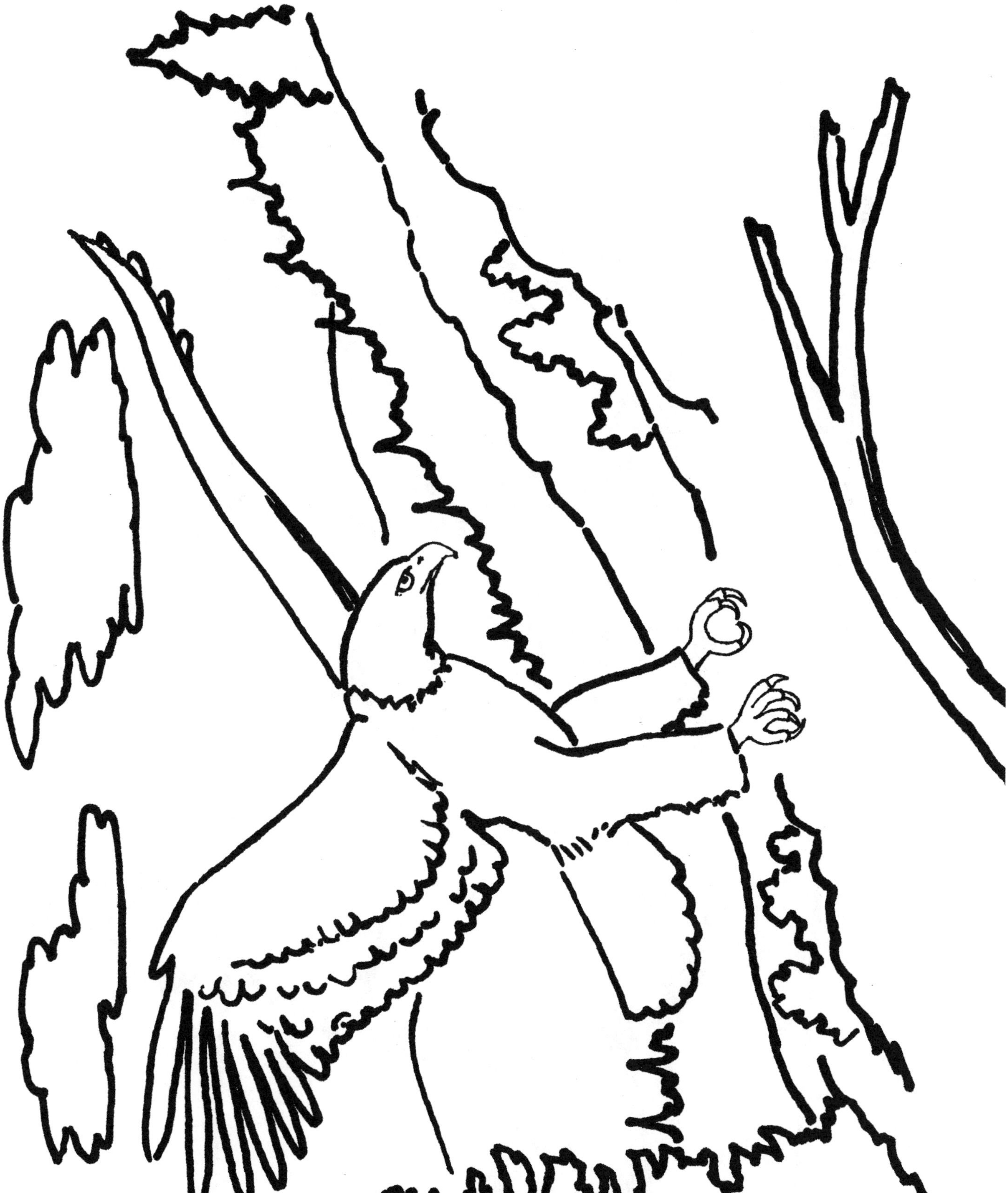

Bald Eagle

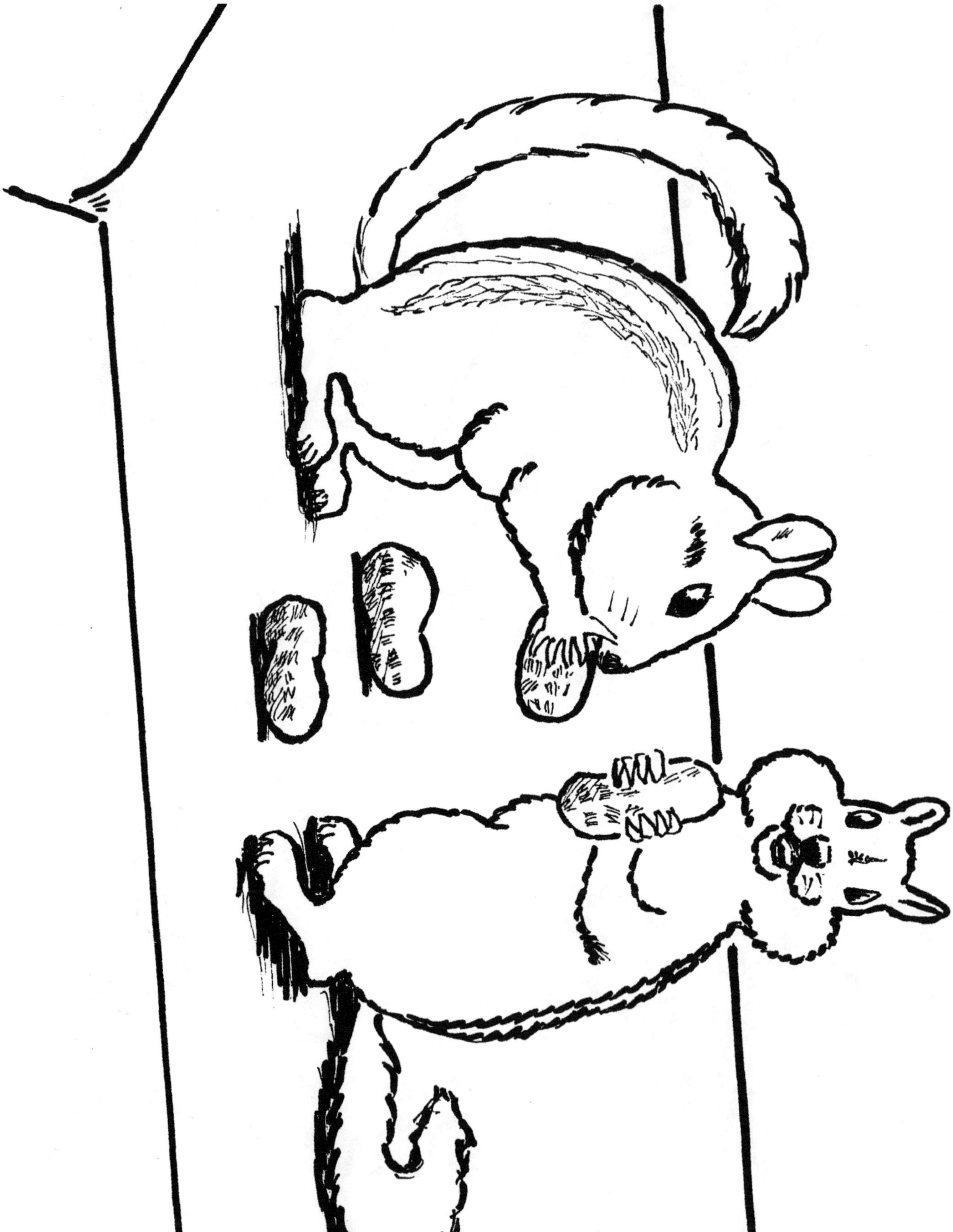

Chipmunks eating peanuts

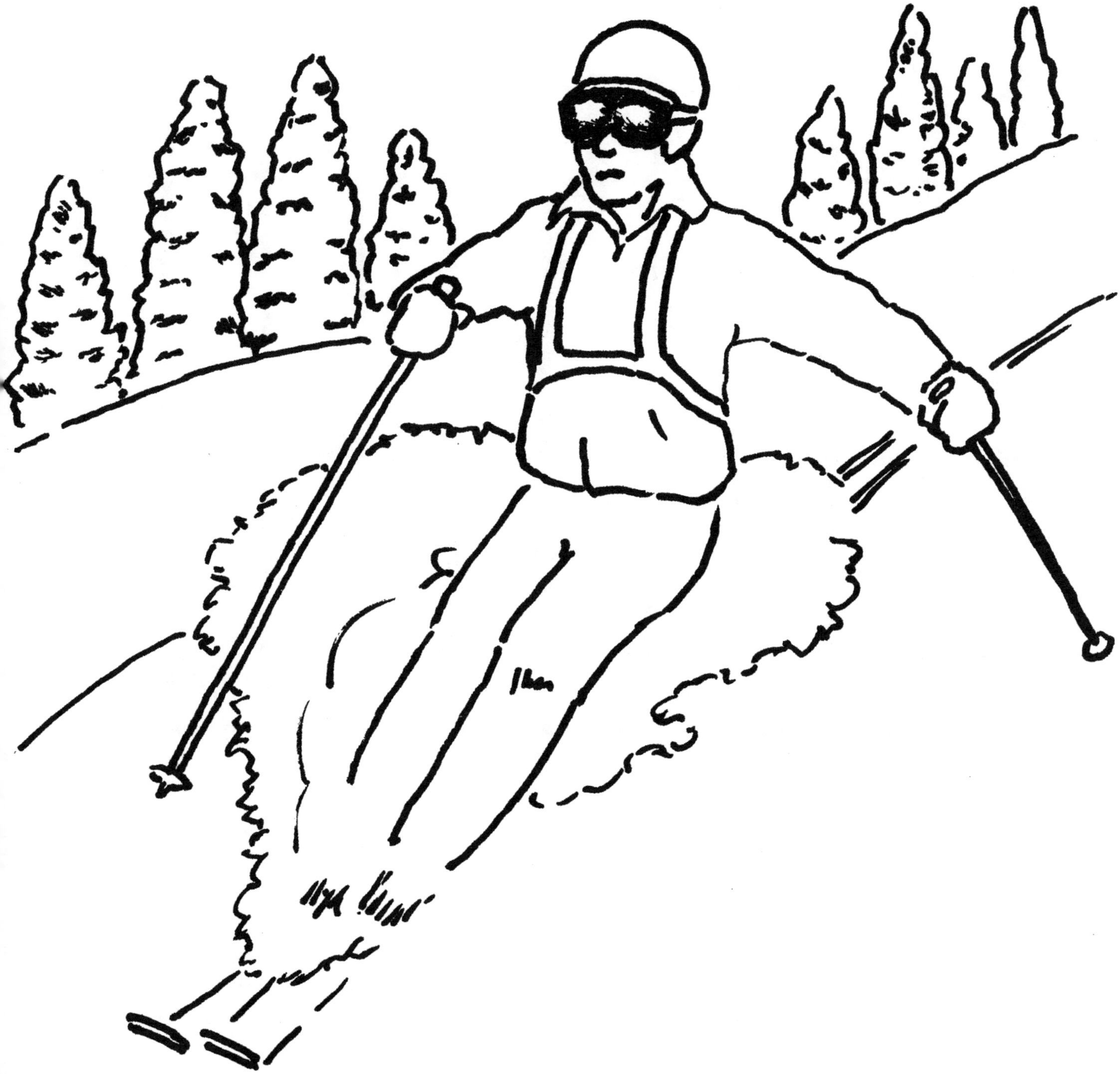

Skiing

S	X	S	I	C	I	C	L	E	H
K	O	N	O	R	D	I	C	Q	A
A	M	O	U	N	T	A	I	N	P
T	S	W	O	O	D	S	L	I	P
E	U	M	C	C	A	U	L	E	Y
S	N	O	W	S	T	O	R	M	O
T	U	B	E	L	R	E	A	D	U
S	K	I	T	E	E	X	C	U	P
K	S	L	I	D	E	D	E	E	R
I	C	E	F	I	S	H	I	N	G

1 Skates 2 Ski 3 Sun 4 Snowmobile 5 Wet 6 Race 7 Sled 8 Trees 9 Happy 10 You
11 Icicle 12 Nordic 13 Mountain 14 Woods 15 Slip 16 McCauley 17 Snowstorm 18 Tube
19 Read 20 Ski 20 Cup 21 Slide 22 Deer 23 Ice Fishing

Winter Word Find

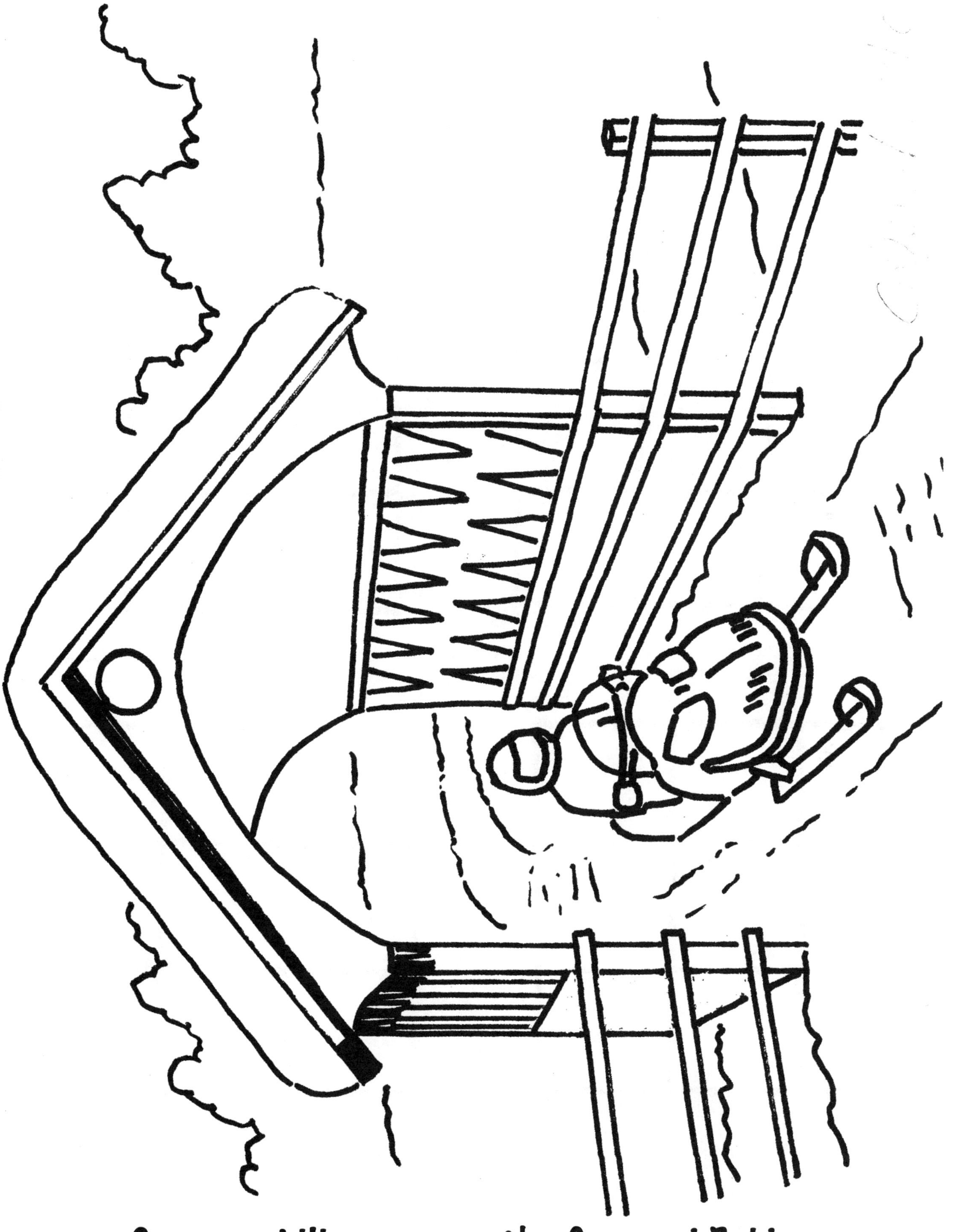

Snowmobiling across the Covered Bridge

TIC TAC TOE

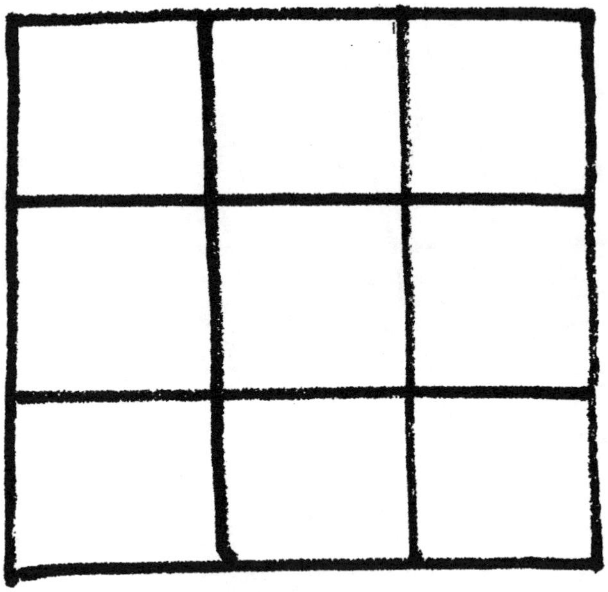

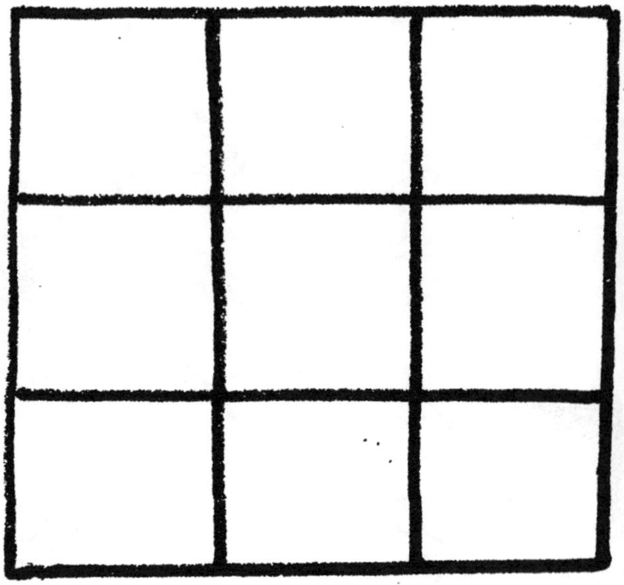

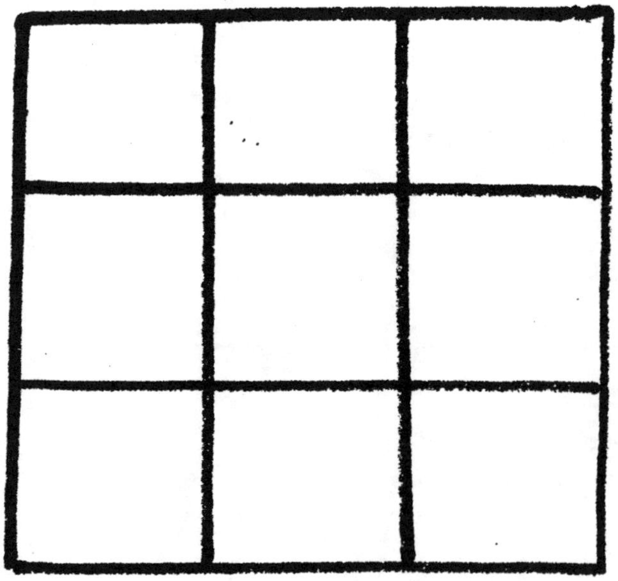

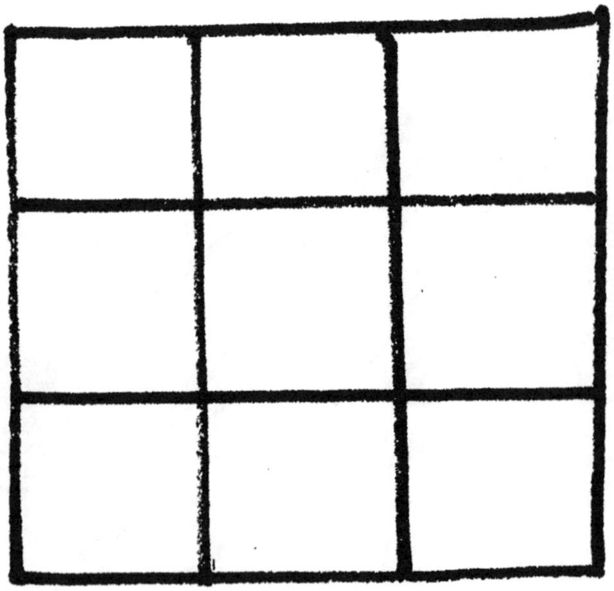

TIC TAC TOE

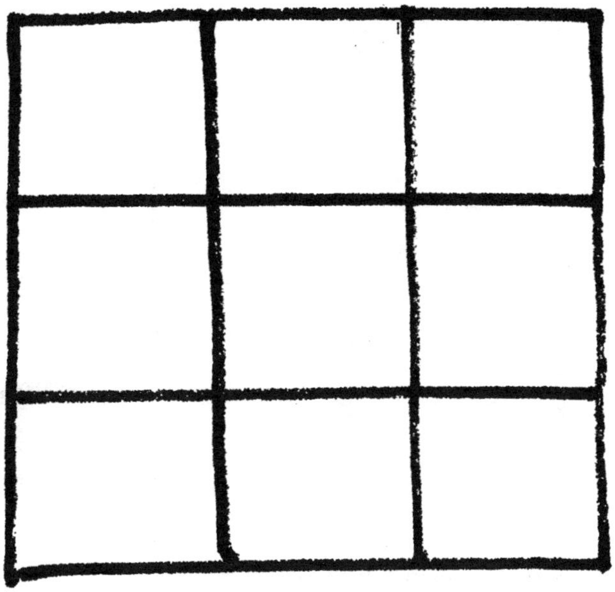

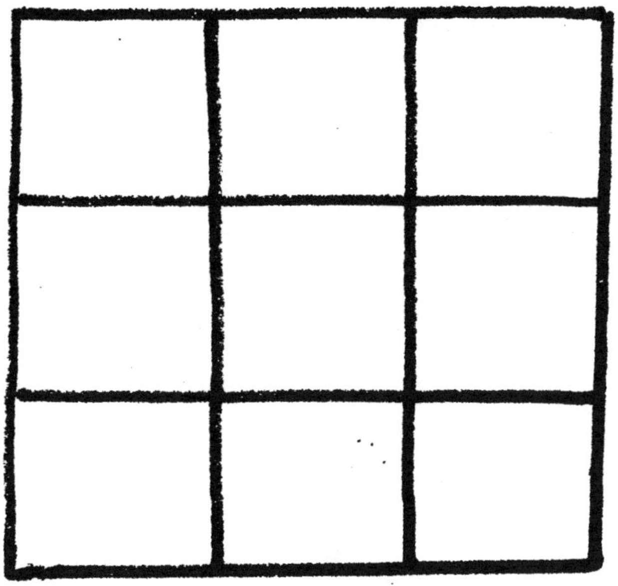

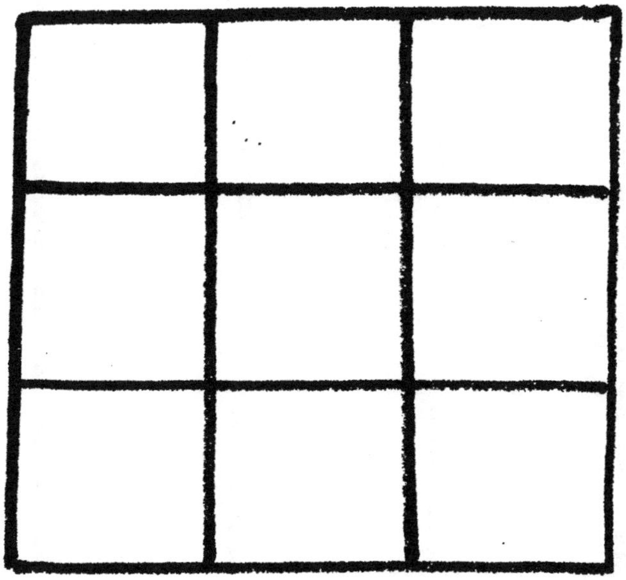

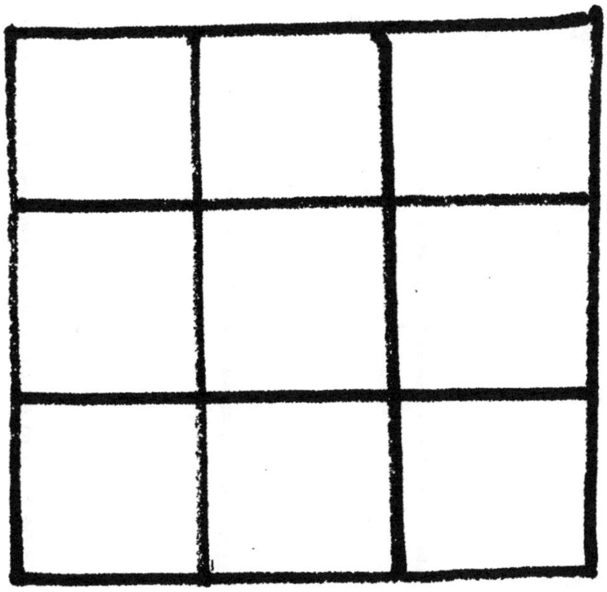

TIC TAC TOE

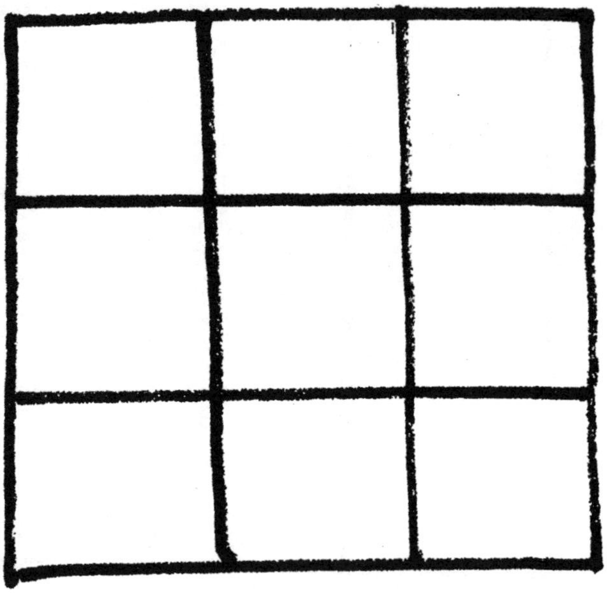

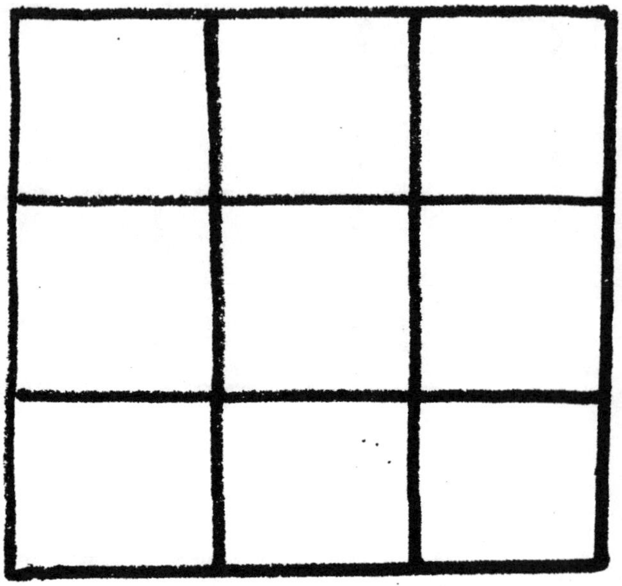

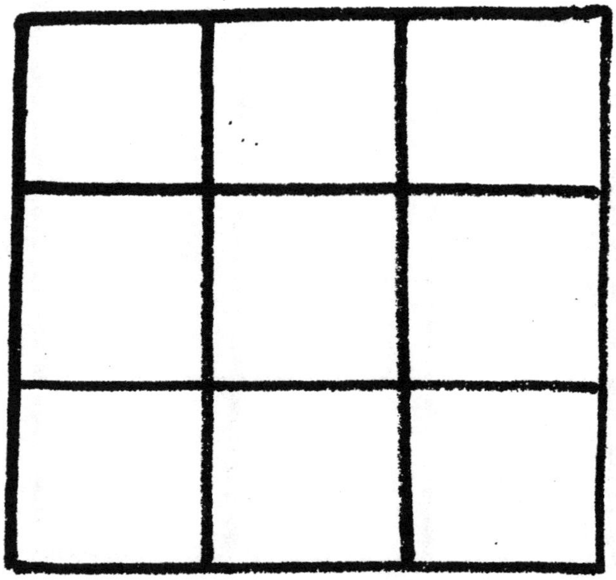

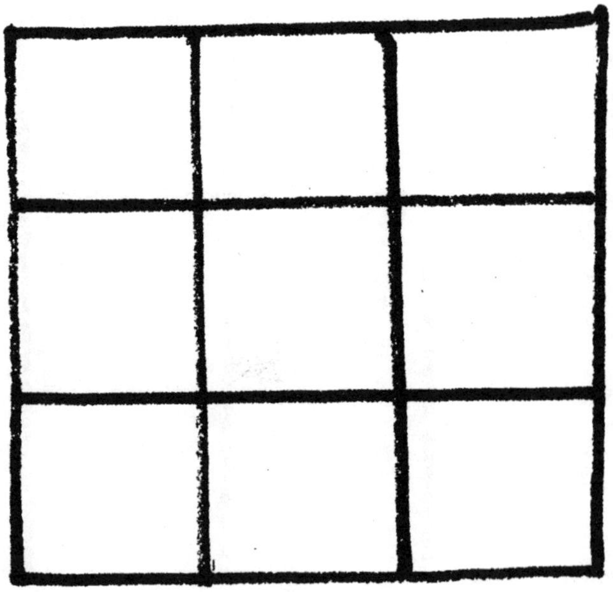